« Le Code de la propriété intellectuelle et artistique n'autorisant, aux termes des alinéas 2 et 3 de l'article L.122-5, d'une part, que les « copies ou reproductions strictement réservées à l'usage privé du copiste et non destinées à une utilisation collective » et, d'autre part, que les analyses et les courtes citations dans un but d'exemple et d'illustration, « toute représentation ou reproduction intégrale, ou partielle, faite sans le consentement de l'auteur ou de ses ayants droit ou ayants cause, est illicite » (alinéa 1er de l'article L.122-4). Cette représentation et reproduction, par quelque procédé que ce soit, constituerait donc une contrefaçon sanctionnée par les articles 425 et suivants du Code pénal. »

L-J.ANTHONY HALLEY

LE PETIT LIVRE DES GRANDES IDÉES

ISBN 9798370036286

Le petit livre des grandes idées

Préface

Il y a longtemps que l'idée d'écrire ce livre m'est venue. Le seul, ou devrais-je dire, les seuls obstacles qui m'en ont empêché jusque là étaient mon ignorance, mes lacunes, mon manque de vision claire de ce projet et surtout mes autres occupations. Je citerais aussi mon manque de temps. De fait, je commence l'écriture de ce livre à 23h30 un vendredi de décembre 2022. Non pas que je disposât de davantage de temps ni que ne sois plus occupé ou distrait, mais que mon ignorance et mes lacunes sont désormais comblées, du moins sais-je où et comment les combler grâce à une vison dorénavant claire de ce projet. Je ne sais combien d'idées me sembleront indispensables à y inclure je sais néanmoins une chose ; ce livre s'annonce profondément humaniste. Les idées, toutes autant qu'elles seront, verseront dans un registre politico-social et philosophique bienveillants. En tant qu'écrivain, je me dois de préciser qu'aucune des idées contenues dans ce livre ne représentent de quelconques idées de romans ou d'œuvres littéraires, vous êtes toutefois libres d'imaginer des histoires, utopies ou autres, élaborées à partir d'une ou plusieurs de ces idées. Je crois avoir mentionné l'essentiel concernant la genèse de ce livre et ses objectifs. Je terminerai cette courte préface en signalant l'organisation catégorielle suivante : la première partie sera consacrée à l'examen des idées issues de doctrines philosophiques, à celui des idées politiques globales, démocratiques, anarchiques, fascistes, monarchiques, oligarchiques, centristes, droitistes, gauchistes parmi tant d'autres. La deuxième exposera les meilleurs préceptes pour vivre une bonne vie saine et heureuse et parlera des idées et inventions que je souhaiterais mettre en place afin de pousser notre société vers le haut ainsi que de quelques préceptes personnels. Certaines de ces inventions sont contenues dans mon roman Sphéria, je me contenterai donc de les extirper de ma mémoire.

L-J.Anthony Halley

Le petit livre des grandes idées

PARTIE I :

De l'examen doctrinal des multiples philosophies et religions du monde
et de leurs agréables idées.

Il existe en ce monde de multiples doctrines philosophiques et religieuses. Je tenterai d'en faire une synthèse, de les organiser, de retenir celles qui me semblent pertinentes à appliquer dans une sorte de système politique bien fait. Je commencerai par l'étude minutieuse de la doctrine stoïcienne avant de poursuivre, sans m'attarder sur l'aspect historique de chacune et sans verser dans une défense véhémente de chaque idée exposée, car si je les inclus ici, c'est que je les défends.

I. Les idées stoïciennes.

1. Il faut traiter les autres avec justice et équité.

2. Ressens la douleur mais garde le cap.

3. Expérimente les plaisirs mais n'y cède point.

4. Étudie la nature, son ordre et son fonctionnement.

5. Le malheur n'existe que dans ton esprit et si tu te laisses aller à des pensées malheureuses. Ressens la tristesse, mais ne te morfonds point.

6. La pauvreté n'est pas un malheur en soi.

7. Pour atteindre la sagesse, il faut et il suffit de connaître toutes choses. À défaut, le plus possible dans de nombreux domaines.

8. Tes actions doivent être éthiques, c'est-à-dire en accord avec la morale humaine et ne pas empiéter sur la liberté des autres.

II. L'idée de l'anarchisme.

9. L'espèce humaine n'a guère besoin d'être fédérée autrement que par ses propres jugeote et organisation juste basée sur une communication claire, rigoureuse, précise et bienveillante.

III. Les idées du communisme.

10. La société humaine peut bien se passer de hiérarchie religieuse et politique à condition de faire bloc et par la même de constituer une seule entité ; l'état au sens social, économique et politique du terme.

11. La collectivisation surveillée des moyens de production est peut-être le meilleur moyen d'aboutir ou augmenter l'entraide au sein de la société où la frontière entre propriété privée et collective serait établie par décision entérinée contractuellement.

12. Le bien commun est un sujet d'égalité.

IV. Les idées du marxisme.

13. Pour le bon développement d'une société saine autant au niveau individuel que global, il faut et il suffit que chaque individu développe ses capacités et son potentiel à son maximum. Ce potentiel peut être inné ou acquis, la conclusion n'en change pas.

14. L'usage de la violence n'est en aucun cas nécessaire pour changer radicalement de système politique, du moins la violence en tant que moyen coercitif n'est pas une solution en soi car ce que le peuple perd par la violence, il le reprendra par ce même moyen. La propagande, la diplomatie et le soft power sont de mise en toutes circonstances.

V. Les idées de l'épicurisme.

15. La mort est certaine. Il faut, pour vivre bien, en ignorer la peur.

16. Les plaisirs, quels qu'ils soient, doivent être vécus sans excès.

VI. Les idées de l'existentialisme.

17. La vie est vacuité si on décide qu'elle l'est. Elle est au contraire pleine de sens si on s'aventure à lui en donner.

18. Nous, en tant qu'êtres, ne sommes finis qu'à notre mort. Nous nous construisons, et devons nous construire, tout au long de notre vie.

VII. Les idées du féminisme.

19. Les femmes ont le droit de disposer de leurs corps comme bon leur semble, sans avoir à consulter qui que ce soit à des fins de validation.

20. A l'inverse, il est immoral, illégal et condamnable de s'en prendre à l'intégrité physique d'une femme, et ce peu importe son âge, sa taille, ses activités et les conclusions biaisées ou motivées les déclarant aptes à subir sévices et/ou mise à l'épreuve physique.

VIII. L'idée de l'humanisme.

21. Être respectueux, altruiste, sociable, digne, honnête, cultivé et tolérant sont les piliers d'un développement personnel optimal.

IX. Les idées des Lumières.

22. Dieu et la Nature ne font qu'un. Précisons en disant que Dieu et l'Univers ne font qu'un.

23. Chaque individu en capacité intellectuelle de décider par lui-même de ce qui est bon pour lui en a le droit total et exclusif, sans avoir à recourir à une aide extérieure à des fins de validation. Cette liberté s'étend au choix d'une religion, à l'expression pure ainsi qu'à celle de la pensée et aux opinions.

24. L'esclavage n'est pas bon par sa nature ; il n'est utile ni au maître ni à l'esclave.

X. Les idées du libéralisme.

25. Tout individu détient le droit imprescriptible d'expression dans le respect de la loi et du libre échange des idées.

26. Toute personne détient le droit de pratiquer sa religion dans le respect de la laïcité telle que définit dans un dictionnaire. Toutefois, j'ajoute une précision à titre personnel : la burka, vêtement certes religieux, mais mettant en péril l'identification claire et assurée d'un individu, son port est déconseillé dans l'espace public.

27. Toute personne détient le droit de se réunir, de manifester, avec ou sans préavis, de circuler librement hors domaine privé étranger et de choisir son métier.

28. Tout individu détient le droit inaliénable et imprescriptible de défense contre toute agression, y compris un moyen de défense physique contre une agression physique, pouvant aller jusqu'au meurtre de l'agresseur, sans faire l'objet de poursuites judiciaires.

XI. Les idées du libertarisme.

29. Toute personne est libre de disposer de son corps comme elle l'entend.

30. Chacun peut devenir propriétaire légitime d'un objet (ressource naturelle incluse) qui n'était auparavant la propriété de personne.

31. Le droit de propriété est sacré et les objets extérieurs (une maison, un vélo…) ne doivent faire l'objet de dégradations gratuites et de spoliations.

32. Aucun individu ne saurait souffrir, au prétexte de sa couleur de peau, de son sexe, ses convictions morales et/ou religieuses, d'une privation de ses droits naturels, ni servir pour le déresponsabiliser de ses actions, ni à obtenir des privilèges par rapport aux autres.

XII. L'idée du scepticisme.

33. Ne rien admettre sans preuve et suspendre son jugement tant que la preuve fait défaut (Russell).

XIII. Les idées du socialisme.

34. La société doit évoluer vers un meilleur partage des ressources, une minimisation, voire une annihilation des inégalités sociales, l'arrêt de l'exploitation de l'homme par l'homme.

35. Le progrès social dans tous ses états doit être mis à l'honneur et scrupuleusement suivi.

XIV. Les idées de l'utilitarisme.

36. Les actions tant individuelles que politiques, doivent converger vers l'octroi du plus grand bonheur possible dû à tous et à toutes.

37. On approuve, ou désapprouve, suivant Bentham, toute action en accord avec la tendance à augmenter (approuve) ou à diminuer (désapprouve) le bonheur de la partie dont l'intérêt est en question.

38. Ce bonheur est fonction du bien-être moral, physique, matériel et intellectuel de l'individu et doit être garanti.

XV. L'idée du vitalisme.

39. Il me semble juste de considérer que la matière organique vivante est animée d'un principe vital. À ce titre, il possède une âme pensante et une unicité indéniable.

XVI. Les idées de la gauche politique.

40. Nous vivons dans l'environnement et dépendons de la nature pour vivre longtemps et en bonne santé. Il est nécessaire de développer les idées écologistes prônées par la gauche, de dépolluer les océans et les terres par des moyens déjà mis en place et d'autres que je développerai plus loin.

41. Contrairement à la gauche, je prône personnellement l'équité en lieu et place de l'égalité, c'est-à-dire les moyens adaptés à chacun de pouvoir s'élever au moins au même niveau que les autres selon ses besoins individuels.

42. De même, la fraternité au sein de groupes humains dont les membres proviennent de divers horizons doit être mise à l'honneur.

43. Les femmes, les minorités ethniques et religieuses, les hommes, les enfants, les LGBTQ+ ne doivent en aucun cas faire l'objet de persécutions et/ou de sévices au nom de leur condition ou pour

quelque raison que ce soit. Le corps humain est souverain et toute atteinte à l'intégrité physique et à la liberté des personnes doit être punie. Ce que la loi actuelle ne permet pas catégoriquement.

44. Aucun Homme ne saurait disposer de privilège(s) dus à sa naissance et/ou sa richesse car nul ne peut être considéré comme supérieur à un autre.

45. La solidarité entre et au sein des groupes humains doit être respectée.

XVII. Les idées de la droite politique.

46. Tout individu est soumis au libre arbitre, c'est-à-dire à la faculté pour chacun de déterminer par lui-même et par lui seul sa façon d'agir et de penser dans les limites imposées par la loi.

47. La sécurité humaine doit être garantie pour tous, partout et en tout temps.

48. Contrairement à la droite, je crois que l'homme est perfectible par la connaissance et la culture, sous réserve d'exercer son esprit critique et d'user de cette connaissance pour faire avancer l'espèce humaine sur les plans scientifiques et intellectuel en général.

49. Je la suis pour affirmer que tout individu doit faire preuve d'une certaine force d'âme, qu'il s'agisse d'une force d'âme au sens mental du terme, à savoir surmonter la peur et l'abattement, ou la capacité de défendre ses convictions avec ardeur et combativité.

XVIII. L'idée du manichéisme.

50. Il est interdit de tuer et de blasphémer.

XIX. L'idée du christianisme.

51. Il est conseillé de se livrer à la charité envers les pauvres et les malades selon ses moyens.

XX. Les idées du taoïsme.

52. Place ton cœur et ton esprit dans la voie naturelle. L'insouciance éclairée, la spontanéité, la communion extatique avec les forces cosmiques et la liberté individuelle sont les quatre axes principaux permettant d'accéder à l'harmonie préconisée par le taoïsme.

53. La modération est conseillée en toute chose.

XXI. Les idées de l'hindouisme.

54. Le plaisir doit être dirigé dans le but de la connaissance et d'épanouir la vie de couple et ne doit pas devenir un mode de vie qui conduirait à accomplir des actes immoraux.

55. L'homme doit participer à la société en se créant un patrimoine et des relations qui seront le fruit de son travail.

XXII. Les idées du bouddhisme.

56. En tous temps, il est nécessaire de bien comprendre, de bien penser, de bien parler, de bien agir, de bien vivre. Il faut, pour bien vivre, montrer du respect envers ses parents et les personnes que l'on rencontre, entre autres.

57. Il faut se montrer bienveillant, fraternel, compatissant et joyeux, c'est-à-dire essayer autant que faire se peut, d'occulter ses problèmes et la mauvaise mine devant autrui. Apportez de la joie et répandez-en autour de vous, elle vous reviendra. Soyez sympathiques, réjouissez-vous sans hypocrisie du bonheur d'autrui.

PARTIE II :

Du partage de préceptes, d'idées, d'expériences de vie pour vivre une vie bonne, longue, saine et respectueuse.

I. Les idées pour mener une vie saine.

58. Consommer du tabac, ou tout autre produit fumé, détériore les poumons et dégrade la santé à petit feu. De plus, cela n'apporte strictement rien de bon ni à l'organisme, ni à la qualité de vie en général. Mieux vaut s'en passer et ne jamais en commencer la consommation.

59. L'alcool enivre mais dégrade le foie et d'autres organes vitaux dont le cerveau. En dessous de 40 ans, il faut en éviter la consommation et au-delà, privilégier une fréquence de consommation n'excédant pas deux verres par semaine.

60. La viande rouge (bœuf, porc) est, selon les nutritionnistes, bonne pour l'organisme à moins de ne pas en abuser ; idéalement, il faut en consommer deux ou trois fois par semaine et privilégier les poissons gras, les viandes blanches, de juvéniles (veau, agneau…), la viande de lapin, celle du canard pour les autres repas.

61. L'exercice physique est primordial pour maintenir une bonne activité cardiaque, motrice et intellectuelle. Trente minutes par jour de marche au soleil sont suffisantes pour vous assurer de l'entrain et un bon fonctionnement global. Le plus vif conseil étant de pratiquer un sport en club ou accompagné, de préférence en plein air.

62. Boire de l'eau, du jus de fruits avec pulpe. Exterminez les sodas et autres boissons inutiles qui n'apportent rien de bon à part du sucre.

63. Pratiquer des exercices de respiration ; la respiration pulmonaire n'est guère la meilleure pour optimiser l'oxygénation des tissus. Combinée avec la respiration ventrale, vous êtes assuré de bénéficier d'un corps bien oxygéné, endurant et fort.

64. La lecture favorise le bien-être, le calme et la relaxation du corps et de l'esprit. Tandis que la lecture sur support numérique active davantage les zones cérébrales dédiées à la prise de décisions, la lecture sur support physique favorise la mémorisation et l'apprentissage. À mon sens, il est bon d'alterner les deux, ou au moins de pratiquer les deux.

65. Le rire masse la poitrine, stimule la circulation sanguine, entre autres.

66. Marcher pieds nus est selon un podologue proche de moi, bon pour la santé. De mon point de vue et si je m'appuie sur ce que j'ai pu observer, cela contribue à masser des points (de pression ?)

dont la stimulation permet une bonne circulation de l'énergie au sein de l'organisme. Je marche pieds nus depuis tout petit en pleine nature. Cela ne constitue pas une preuve de quoi que ce soit mais j'estime qu'il s'agit d'un bon point supplémentaire et que de toutes façons, on ne perd rien à essayer.

67. La méditation apporte maîtrise de soi et sérénité. Explorez différentes techniques avant de vous engager dans une pratique régulière, les techniques par défaut pouvant ne pas convenir à tout le monde.

68. Prenez soin de votre apparence et de votre hygiène. Ce n'est pas parce que vous ne sortez pas souvent, que vous ne fréquentez pas grand-monde, que vous pouvez vous autoriser à négliger votre hygiène corporelle et celle de votre lieu de vie. Une ou deux douches par jour, au moins deux brossages de dents (matin et soir), changer de sous-vêtements de manière quotidienne, se laver les mains en sortant des toilettes, avant de manger, avant de cuisiner, en rentrant après une promenade à l'extérieur. Faire un shampoing au moins trois fois par semaine, nettoyer régulièrement votre maison/appartement, représentent les caractéristiques d'une hygiène de base de toute personne propre qui se respecte et respecte ses visiteurs potentiels.

69. Ne rongez pas vos ongles, le dessous des ongles est riche de microbes dangereux. Ne curez pas vos narines avec vos doigts, les bactéries déposées sur les muqueuses sont elles aussi guère sympathiques.

II. Les idées pour bien vivre, et survivre, en pleine nature.

70. Cela peut paraître anodin, mais il est déconseillé de câliner les arbres ; leurs troncs sont jonchés de mauvaises bactéries.

71. Un feu de camp, si petit soit-il, doit de préférence être allumé sur un carré de terrain désertique, ou au mieux, une clairière verte dépourvue de litière. Personne de sain d'esprit n'a envie de provoquer un feu de forêt par inadvertance, encore moins de manière intentionnelle.

72. Si d'aventure vous envisagez de camper dans un endroit où rôdent des prédateurs, il est bon de prévoir d'établir un campement en hauteur, tendu entre quelques arbres par exemple.

73. Emmenez avec vous une voire plusieurs bombes au poivre, elles vous seront utiles en cas d'attaque de prédateurs notamment. Dans tous les cas, garder son calme est le meilleur moyen de désamorcer la situation.

74. La nature offre d'innombrables ressources, de l'eau aux plantes médicinales, il est bon d'apprendre à les reconnaître et à s'en servir au besoin.

75. Il est nécessaire d'éviter de poser le pied dans une étendue bourbeuse sans en avoir au préalable testé la profondeur. Les étendues sablonneuses en pleine forêt sont de manière générale des sables mouvants, il est déconseillé de les traverser.

76. Dans le désert, cela peut paraître paradoxal, mais la meilleure manière de limiter la perte d'eau est de se couvrir de tissu. Prenez exemple sur les Bédouins, ce sont eux les experts.

77. Dans la jungle profonde, où vous pouvez croiser serpents et insectes venimeux, il est bon de porter des bottes montantes rembourrées ou en matière dure articulée aux chevilles.

78. Dans la mer, éviter une attaque de requin nécessite une position adéquate : nager couché vous fera prendre d'assaut. Vous tenir debout, c'est à dire d'une manière qui n'appartient à aucune proie au menu des requins, vous permettra de limiter les risques voire d'éviter une attaque mortelle. Pour ce qui est des personnes déjà en plein milieu d'une attaque, je vous souhaite de regagner le rivage à temps ou de trouver la force, le courage et la hardiesse de frapper avec toutes vos forces, ou de planter un couteau, sur/dans la pointe du nez du requin. Ce geste vous octroiera, selon si vous avez frappé ou planté, quelques secondes, voire quelques minutes, ou un temps définitif, de « tranquillité » pour regagner la grève. Rien ne dit que cette stratégie fonctionnera, et quelques requins ont bel et bien la chair humaine à leur menu. Informez-vous davantage avant de vous aventurer dans une mer infestée de requins, ou ne vous baignez tout simplement pas.

79. Pour survivre à une brûlure de méduse, tout dépend de la méduse. Si il s'agit d'une cuboméduse, je suis dans le regret de vous annoncer que vos chances de survie sont infimes, cela même si vous parvenez à sortir de l'eau. Dans les autres cas, la chaleur est une source sûre de soulagement car le venin des méduses est thermolabile. Il faut néanmoins éviter de toucher directement la peau ; préconisez le sèche-cheveux portable, ou à défaut un briquet, une braise de barbecue ou même l'eau chaude.

Il ne faut **pas** : <u>uriner sur ni gratter ou toucher la plaie.</u>

80. Dans le cas où vous seriez tombé depuis le haut d'une cascade, la seule chose à faire pour maximiser vos chances de survie consiste à enrouler vos bras autour de votre visage de manière à couvrir, au moins, votre nez et votre bouche. Vous devez adopter une position de type bouteille et non vous recroqueviller. Pour le reste, tout dépendra de la hauteur depuis laquelle vous vous réceptionnerez et de la profondeur du bassin.

III. Les idées innovantes.

81. Au niveau politique, je crois bon de supprimer les diverses orientations politiques au profit d'un courant unique dont les valeurs seront profondément ancrées dans l'humanitaire et la poursuite d'un modèle économique viable et durable dont l'application accélérera le développement et augmentera les richesses, et par conséquent, d'allier des idées de droite et de gauche dans ce but. Cela aura certes pour inconvénient de propager une pensée unique mais bienfaitrice à long terme. Et je ne parle pas du centrisme, du moins pas tout-à-fait.

82. Au niveau de l'éducation, je crois bon de privilégier un modèle qui optimisera la réussite de tout un chacun. À cette fin, je préconise le passage d'un test psychologique et intellectuel avant le passage en classe de 6ᵉ, destiné à cibler les points forts et les points faible de chaque élève et d'orienter les élèves en difficulté vers les structures appropriées.

Ceux qui suivront le cursus traditionnel seront accueillis dans des classes où leurs points forts seront développés à l'extrême et leurs points faibles comblés, grâce à un système de majeure-mineure : les élèves ayant un don naturel ou des capacités physiques supérieures seront intégrés à des classes où ils pourront satisfaire leur désir de devenir des sportifs professionnels (majeure) tout en suivant un enseignement (mineure) dans toutes les autres matières traditionnelles et afin d'éviter l'hyperspécialisation, laquelle n'est en aucun cas le but final de cette manœuvre.

83. Du point de vue des transports, je crois bon d'élaborer un système de transport à monorail sous lequel glisserait une navette suspendue par ce dernier. Ce monorail se déroulerait au-dessus de la chaussée ou au-dessus du bas-côté et permettrait à toute personne 1) d'éviter les embouteillages et autres inconvénients de la route, 2) de disposer d'un moyen de transport gratuit et sécurisé.

84. J'ai eu l'idée (dans Sphéria) de développer une peinture de revêtement extérieur qui changerait de couleur en fonction du climat : noir ou une autre couleur sombre en hiver, blanc ou tout autre couleur claire en été.

85. Afin de maximiser la force extinctrice des gerbes d'eau lâchées par les canadairs sur les feux de forêt, j'ai émis l'hypothèse, dans Sphéria, que l'on pourrait augmenter la taille des boulettes d'eau contenues dans une sorte de polymère biodégradable et d'en faire des sortes de boulets d'eau lâchés par les canadairs, dont la force d'impact multiplierait par je ne sais combien la capacité d'extinction des flammes et des braises sans toutefois polluer ou abîmer l'écosystème de manière durable.

86. Je développe l'idée ici d'engager les prisonniers pour contribuer au nettoyage des décharges sauvages et à la dépollution du littoral et du territoire. Les heures passées à nettoyer seront soustraites du temps d'incarcération total et ils pourront, éventuellement, être rémunérés pour leur travail.

Ici, je mets un point final à ce petit manifeste incomplet en l'état. Incomplet car il est possible que de nouvelles idées germent dans mon esprit. Il existe de nombreuses considérations à prendre en compte de nos jours et dans notre société dont l'évolution de mentalité est en plein essor, et ce surtout dans le domaine social où les LGBT+, les victimes d'agressions sexuelles, de viols, sortent du silence dans lequel elle s'étaient murées et accusent, parfois par plusieurs voix, leurs agresseurs. Il est clair que l'on doit en premier lieu croire les victimes et condamner leurs agresseurs. Il est clair et juste également de permettre aux personnes non-binaires d'exprimer leurs personnalités singulières en plein jour, de garantir leur sécurité ainsi que celle de toutes les autres personnes cis/het car sinon ce système ne serait point égalitaire.

En ce qui concerne l'alimentation, je crois sage de permettre à quiconque de manger ce qui lui plaît sans chercher à convertir qui que ce soit à son régime. Enfin, j'espère que ce livre qui contient le minimum vital de mon expression doctrinale et, je crois, bienveillante, éclairera et aidera ceux et celles qui le tiendront entre leurs mains.

Il n'est pas terminé, d'autres éditions suivront.

Merci d'être vous, merci à l'univers de m'avoir permis d'achever ce livre et de le rendre tel que je le voulais, merci à tous ceux et celles qui, convaincus par ces idées, les partageront et en feront la promotion.

Le petit livre des grandes idées

Bibliographie :

- https://www.philomag.com/lexique/anarchisme

- Communisme — Wikipédia (wikipedia.org)

- Cynisme : tout savoir | Philosophie magazine (philomag.com)

- Empirisme : tout savoir | Philosophie magazine (philomag.com)

- Empirisme — Wikipédia (wikipedia.org)

- Épicurisme : tout savoir | Philosophie magazine (philomag.com)

- L'Epicurisme (la-philosophie.com)

- Qu'est-ce que l'existentialisme ? (la-philosophie.com)

- Existentialisme : tout savoir | Philosophie magazine (philomag.com)

- Féminisme : tout savoir | Philosophie magazine (philomag.com)

- La philosophie féministe en dix textes clés | Philosophie magazine (philomag.com)

- Humanisme (philosciences.com)

- L'humanisme philosophique (la-philosophie.com)

- Idéalisme (philosophie) — Wikipédia (wikipedia.org)

- Lumières (philosophie) — Wikipédia (wikipedia.org)

- Qu'est-ce que le libertarianisme : définition, concept, notions ? - Ça m'intéresse (caminteresse.fr)

- Libéralisme — Wikipédia (wikipedia.org)

- Courant philosophique : Libertarisme | SchoolMouv

- Le libertarianisme pour les nuls – Contrepoints

- Les marxistes | economie.gouv.fr

- marxisme – LAROUSSE

- Les marxistes | economie.gouv.fr

- Matérialisme — Wikipédia (wikipedia.org)
- Mécanisme (philosophie) — Wikipédia (wikipedia.org)

- Phénoménologie (philosophie) — Wikipédia (wikipedia.org)

- Platonisme (doctrine philosophique) — Wikipédia (wikipedia.org)

- Positivisme — Wikipédia (wikipedia.org)

- Le pyrrhonisme : Définition (la-philosophie.com)

- rationalisme – LAROUSSE

- Réalisme (philosophie) — Wikipédia (wikipedia.org)

- Socialisme : tout savoir | Philosophie magazine (philomag.com)

- Structuralisme : tout savoir | Philosophie magazine (philomag.com)

- Scepticisme (philosophie) — Wikipédia (wikipedia.org)

- Socialisme — Wikipédia (wikipedia.org)

- Utilitarisme — Wikipédia (wikipedia.org)

- Structuralisme — Wikipédia (wikipedia.org)

- Vitalisme — Wikipédia (wikipedia.org)

- Gauche (politique) — Wikipédia (wikipedia.org)

- Centrisme — Wikipédia (wikipedia.org)

- Droite (politique) — Wikipédia (wikipedia.org)

- Manichéisme (religion) — Wikipédia (wikipedia.org)

- Christianisme — Wikipédia (wikipedia.org)

- Taoïsme — Wikipédia (wikipedia.org)

- Hindouisme — Wikipédia (wikipedia.org)

- Bouddhisme — Wikipédia (wikipedia.org)

- Confucianisme — Wikipédia (wikipedia.org)

- <u>Idées clés de Confucius (brieffacts.org)</u>

- <u>Comment réagir en cas de piqûre de méduse ? | MMF SANTE (mmf-sante.fr)</u>

- <u>Comment survivre à une attaque d'ours: 11 étapes (wikihow.com)</u>

24

Le petit livre des grandes idées

- <u>Idées clés de Confucius (brieffacts.org)</u>

- <u>Comment réagir en cas de piqûre de méduse ? | MMF SANTE (mmf-sante.fr)</u>

- <u>Comment survivre à une attaque d'ours: 11 étapes (wikihow.com)</u>